四季折々の愛らしい花40作品

羊毛フェルトの花ブローチ

須佐沙知子

はじめに

　私が羊毛フェルトで作品作りを始めた頃は、たくさんの動物を手がけていました。日々、羊毛フェルトを手にしているなかで、その温かな素材から、可憐な花を作ってみたいと思うように。さっそく試作してみましたが、薄い花びらやニュアンスのあるカーブ、繊細さをどう表現していいかわからず、自分の経験の足りなさを痛感したものです。

　その後、羊毛フェルトを使ってさまざまなものを形にする機会に恵まれ、失敗や成功といった経験をたくさんするなかで、技術が少しずつ増えていきました。今回、長い間あたためていた花を表現する機会をいただき、今もっているテクニックを使って、大小さまざまな花を紹介しています。あの頃にはうまくできなかったこと、思いもつかなかったことが、どんどん解消され、イメージどおりに花ができあがるたびに、喜んだり驚いたり……。

　私と同じように、羊毛フェルトで花を作りたいと思っている方は、たくさんいらっしゃるのではないでしょうか。そのとき、私と同じところで立ち止まってしまった場合に、ぜひこの本を活用していただけたらと思います。簡単にできるブローチから、大振りのコサージュまで、みなさんに手軽に作ってもらえるよう、さまざまな工夫を施しました。作る楽しみと、そこから先には身につける楽しみもある羊毛フェルトの花ブローチ。今回、さまざまな花のブローチを作ってみたら、羊毛フェルトでも春の洋服や夏っぽい素材にも似合うし、小物につけてもかわいいことがわかりました。一年を通して楽しめるハンドメイド。ご自分の好きな花を手作りして、身につけて、楽しんでいただけたら嬉しい限りです。

須佐沙知子

はじめに 2

花のコサージュ

 バラ … 8

 ポピー … 10

 ラナンキュラス … 12

 ダリア … 14

 アジサイ … 16

 椿 … 18

 カラー … 20

羊毛フェルトの種類と扱い方 … 22

道具と材料 … 24

作り方 … 26

花や実のブローチ

 ミモザ … 44

 野バラの実 … 46

 ヤツデの実 … 46

 ラベンダー … 48

 スプレーバラ … 49

 桜 … 50

 スズラン … 51

 デイジー … 52

 アネモネ … 53

 ビオラ … 54

 白詰草 … 57

 四ツ葉のクローバー … 57

 オリーブ … 59

 ラズベリー … 60

 イチョウ … 61

 どんぐり … 62

 松ぼっくり … 63

作り方 … 64

小さなブローチ

 スプレーギク …80

 シダ …82

 コスモス …80

 アイビー …82

 マーガレット …80

 きのこ …85

 蝶 …80

 どんぐり …85

 イチョウ …82

 小鳥 …85

 落ち葉 …82

作り方 …86

組み合わせのコサージュとブローチ

 ランキュラスとアジサイのコサージュ …89

 バラと松ぼっくりのコサージュ …90

 デイジーとラベンダーのコサージュ …91

 アネモネとアジサイのコサージュ …91

 どんぐりと小鳥のブローチ …92

 ビオラと蝶のブローチ …92

作り方 …93

Contents

花のコサージュ

バラやポピー、ラナンキュラスやダリアなど大振りな花はコサージュに。

存在感があるので、いつものファッションに加えると、

イメージが変わって華やかな印象になります。

01

バラ

(左:白、右:赤)

大きさの違う3枚の花びらを重ねて作るバラのコサージュ。
花びらのふちにニュアンスをつけるのがポイントです。

作り方 p.26

02

ポピー

じっくり見ると、花びらの先はデコボコしています。ここにもしっかりニードルを刺し、凹凸がはっきり出るように形を整えて。

作り方 p.32

03

ラナンキュラス

(左：ライトグリーン、右：赤茶)

花びらが丸まって重なるため、花びらが厚いとぼってりとした印象になってしまいます。3mmの厚さに仕上げましょう。

作り方 p.34

04

ダリア

（左：朱赤、右：濃い桃色）

大ぶりで華やか。花びらの色にグラデーションをつけることで立体感のある仕上がりに。ストールなどにつけても存在感が際立ちます。

作り方 p.36

05

アジサイ

シックな色合いのアジサイは大人の雰囲気が漂います。
小さな花をたくさん作り、束ねてコサージュに仕上げます。

作り方 p.38

左：白、右：赤

06

椿

コサージュの定番、カメリア（椿）。ポーチなどの小物につけてもかわいいですし、和装にも似合いそうです。

作り方 p.40

07

カラー

凛とした姿が印象的なカラーの花。ジャケットの胸元を飾って
フォーマルに、シンプルニットに合わせれば華やぎがプラス。

作り方 p.41

羊毛フェルトの種類と扱い方

花のコサージュやブローチを作る材料、羊毛フェルト（本書ではすべてハマナカの商品「フェルト羊毛」を使用）の種類と扱い方を紹介します。羊毛の色が手に入らないときは似た色を使うか、p.23の「色を混ぜるとき」を参考に混色して、近い色を作りましょう。

{ハマナカ「フェルト羊毛」}

1　ナチュラルブレンド
ナチュラルカラーの基本色。生成りやブラウンなどベーシックな色が揃っている。

2,3　ナチュラルブレンド ハーブカラー
ナチュラルカラーの基本色を少しだけスモーキーにしたような微妙なニュアンスの色合いのシリーズ。

4　ソリッド
メリノウール100%のスタンダードタイプ。鮮やかで、混ざりけのない色が特徴。

5　ミックス
メリノウール100%の羊毛をミックスし、ニュアンスのある色に仕立てたシリーズ。

6　ナチュラルブレンド クレヨン
こっくりとした色合いが揃うシリーズ。

{羊毛の扱い方}

短く取りたいとき

繊維の方向を横にして、両手の間隔を15cmくらい離して持ち、力を抜いてゆっくりと引く。

細長く取りたいとき

繊維の方向を縦にして持ち、繊維に沿ってゆっくりと裂く。

少量だけ取りたいとき

羊毛の端をつまんで、ゆっくりと引く。

色を混ぜるとき

1

混ぜたい羊毛をそれぞれ取る。

2

2色を一緒にして縦に持ち、引っ張って半分ずつくらいにする。

3

横に持ち直し、引っ張って羊毛が切れたら重ねて、さらに引っ張って重ねるを繰り返す。

4

きれいに色が混ざったらできあがり。

道具と材料

花のブローチやコサージュを作るときに使う、道具と材料を紹介します。
★印がついているアイテムは、ハマナカの商品です。

｛道具｝

1 フェルティング用マット
ニードル作業をするときに、羊毛の下に敷く。ニードルの針先を受け止め、針が折れ曲がるのを防ぐ。★

2 フェルティング用・カラーマットカバー
マットが劣化したときや、白の羊毛で作品を作るときに使用すると、見えやすくなり、作業しやすい。★

3 目打ち
花の中心に花芯を差し込むとき、花に穴をあけるときなどに使う。

4 フェルティング用ニードル
針先がギザギザになっていて、羊毛を刺すと繊維が絡まり、固まる。レギュラータイプと極細タイプがある。布地に刺すときは極細タイプを使用する。★

5 はさみ
羊毛やフェルト生地などを切るときに。

6 ラジオペンチ
フラワー用ワイヤーを折り曲げたりするときに使う。

7 ニッパー
フラワー用ワイヤーを切るときなどに使う。

8 指サック
ニードルで指を刺さないための道具。花のふちなど細かいところを刺すときに使うとよい。

9 強力接着剤
花にコサージュクリップをつけるときなどに使う。

10 手芸用クラフトボンド
花の茎に羊毛を巻いたり、花びら同士をくっつけたりするときに使う。同量くらいの水で溶いた「水溶きボンド」を作り、ギザギザした葉のふちや、花の裏面に塗って形くずれ防止に使うこともある。★

11 図案写しマーカー
型紙を綿布に写すときに使う。時間が経つと消えるタイプのものが便利。

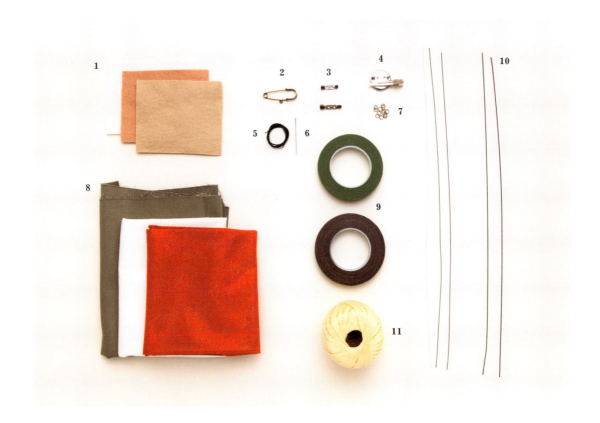

{材料（羊毛フェルト以外）}

1 フェルト生地
p.78〜の小さなブローチを作るときに、ブローチの裏面に貼り付けて土台にする。

2 カブトピン
p.76どんぐり、p.77松ぼっくりで使用。7の丸カンを使ってカブトピンと作品をつなげる。

3 ブローチピン
さまざまなサイズがあるが、本書で使っているのは20mmと25mmのもの。

4 コサージュクリップ
大振りな花をコサージュに仕立てるときに使う。本書ではp.34ラナンキュラス、p.36ダリアで使用。

5 綿糸
ブローチピンを縫い付けるときに使う。

6 針
ブローチピンを縫い付けるときに使う。

7 丸カン
カブトピンと作品をつなげる役割。p.76どんぐり、p.77松ぼっくりで使用。

8 綿布
花びらや葉の土台に使う。綿布に型紙を写し、ワイヤーを貼り付け、羊毛を置いてニードルで刺す。使う羊毛と同じような色を用意すること。

9 フローラテープ
ワイヤーに巻き付けて使う。巻き付けるときは、最初に引っ張ってのばしておく。作品に合わせて緑やこげ茶を使い分ける。

10 フラワー用ワイヤー
花びらや葉、花芯のベースの材料。本書では＃26白、グリーン、こげ茶、＃22グリーン、こげ茶などを使用。

11 レース糸
花芯の周りの花糸（かし）を作るときに使用。本書では＃20を使用。

基本の花ブローチ・コサージュの作り方

羊毛を専用のニードルで繰り返し刺して固めていく、「羊毛フェルト」の手法を使います。
まず、型紙を確認しながら各パーツを用意しましょう。次に、作り方の順番どおりに組み合わせていきます。
数枚の花びらを合わせて1輪の花にするときなどは、実物大作品の上にのせて形を整えていくと、きれいに仕上がります。

01 バラ （いずれか1個分） p.8

実物大作品

材料

ハマナカ フェルト羊毛
〈白いバラ〉
　ナチュラルブレンド　ベージュ（802）…少量
　ミックス　抹茶色（213）…少量
〈赤いバラ〉
　ミックス　深紅色（215）…少量
　ソリッド　深緑（8）…少量
　ソリッド　グレー（55）…少量

木綿布
〈白いバラ〉生成り…10×10cm、6×6cm
〈赤いバラ〉深紅…10×10cm、生成…6×6cm

フラワー用ワイヤー（#26 グリーン）…花：16cm×1本、葉：10cm×1本
フローラテープ（グリーン）…適宜
ブローチピン（25mm）…1個

実物大型紙

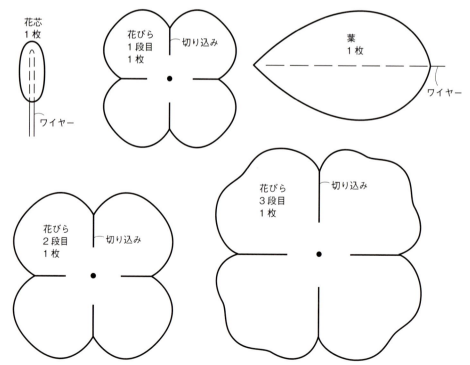

🌷 花芯を作る

1 フラワー用ワイヤーをまずは手で2つに折る。折った部分をラジオペンチで締める。

2 折った部分にベージュの羊毛（赤いバラの場合は深紅色）を少量はさむ。

3 羊毛をワイヤーに2〜3回巻き付け、フェルティング用マットの上でニードルで刺してまとめる。

🌷 花を作る

4 花芯のできあがり。

5 花びら1段目の型紙の上にコピー用紙などを置き、上からなぞる（コピーをとる方法でも可）。

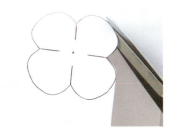

6 なぞった型紙をはさみで切る。

7 切った型紙を生成りの布（赤いバラの場合は深紅）の上に置き、図案写しマーカーでなぞる。花びらの中心部分にも印をつける。

8 ベージュの羊毛（赤いバラの場合は深紅）を少量とり、なぞった花びらの輪郭の内側にニードル（極細タイプ）で刺す。

9 刺し終わったら、輪郭どおりにはさみで切る。

10 切った花びらを手のひらの上に置き、指でこするようにして羊毛を薄くし、布となじませる。

11 花びらのふちをニードルで刺し、形を整える。

12 型紙の指示どおりの位置に、はさみで切り込みを入れる。

13 5〜12と同様にして、花びら2段目と3段目も作る。3種類の花びらができたところ。

14 花びら1段目の中心に、目打ちで穴をあけ、4の花芯を通す。

15 花芯にそって花びらを1枚ずつくるむようにして、花びら全体をニードルで刺す。

16 花びらをニードルで刺しているところ。

17 4枚の花びらを1枚ずつ丁寧に刺していく。

18 花びら1段目を全部刺し終わったところ。

19 花びら2段目の中心に目打ちで穴をあけ、18の花びら1段目を通す。

20 15～17と同様にして花びら2段目をニードルで刺す。

21 花びら3段目のふちを裏側に丸めてニードルで軽く刺し、ニュアンスをつける。

22 丸めた部分に、同量くらいの水で溶いた水溶きボンドを塗って固定する。

23 花びら3段目のボンドが固まったら、中心に目打ちで穴をあけ、20のできあがりを通す。

24 15～17と同様にして花びら3段目をニードルで刺す。

25 花びらが重なっているところにはボンドを塗り、型くずれしないように貼り合わせる。

26 花の部分のできあがり。

葉を作る

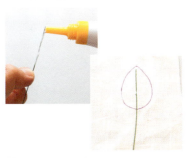

27 ワイヤーの先端（葉の縦の長さよりやや短いくらい）にボンドを塗る。5～7と同様にして生成りの布に葉の型紙を写し、その中央にボンドを塗ったワイヤーを貼り付ける。

28 ベージュと抹茶の羊毛（赤いバラの場合は深緑とグレー）を同量ずつとり、よく混ぜ合わせ（p.23参照）、葉の輪郭の内側にニードルで刺す。

29 刺し終わったら、輪郭どおりにはさみで切る。

30 葉の裏面にも28の羊毛を少量ずつのせてニードルで刺す。ふちにもニードルを刺して布が見えないように整える。

🌷 花と葉を組み合わせる

31 p.28・10と同様にして羊毛を薄くして布となじませ、葉のできあがり。

32 フローラテープを使うときは、まず引っ張ってのばしておき、切るときは斜めにカットする。

33 26の花と31の葉を合わせて持ち、ワイヤーの根元にフローラテープを1cmほど折り込んでから、巻いていく。

34 フローラテープを引っ張りながら、ワイヤーの下まで巻く。

35 花首から5.5cmのところをニッパーで切る。

36 巻いたフローラテープにボンドを塗り、28の細長くとった羊毛を巻く。巻き終わりにはボンドを塗って固定する。

🌱 形を整える

37 羊毛の巻き始めの部分は、ニードルで葉の裏面にまとめて刺してきれいにする。

38 茎の根元をペンチで押さえてぐっと曲げ、カーブをつけて花の向きを整える。葉を少し指で動かしてニュアンスをつける。

🌱 ブローチピンをつける

39 つまようじの先端に強力接着剤をつけ、ブローチピンの裏側に塗る。

40 茎の根元の裏側に39のブローチピンを貼り付ける。

41 ブローチピンのピンをはずし、土台の部分とピンの接触部分の茎にボンドをたっぷり塗り、28の細長くとった羊毛を巻く。

42 巻き終えたら余分な羊毛ははさみで切り、切った部分にボンドを塗って固定する。

43 ブローチピンをつけたら、できあがり。

きれいに仕上げるポイント
★ 綿布に羊毛をニードルで刺して作った花びらや葉は、組み合わせる前に、手のひらに置き、指でこするように布となじませましょう。このひと手間が、薄くてニュアンスのある花や葉を作ることになります。
★ 綿布にフラワー用ワイヤーを貼り付けるときは、型紙のふちから2〜3mmあけるようにしましょう。ふちにくっつけてしまうと、羊毛をニードルで刺したときに、ふちから飛び出してしまって形がきれいに仕上がらないことがあります。

注意すること
★ ニードルは、まっすぐ刺して、まっすぐ抜くようにしましょう。無理な力を加えると、先端が折れてしまいます。特に極細のニードルは折れやすいので気を付けましょう。
★ 綿布や小さいブローチで使用するフェルト生地に羊毛を刺すときは、極細のニードルを使いましょう。

02 ポピー p.10

材料

ハマナカ フェルト羊毛
　ソリッド　朱色(16)…少量
　ソリッド　ライトグリーン色(33)…少量
　ミックス　抹茶色(213)…少量
　ナチュラルブレンド　朱赤(834)…少量

綿布(朱色)…10×10cm
綿レース糸(黒#20)…少量
フラワー用ワイヤー(#26グリーン)…花:25cm×4本、つぼみ・花芯:20cm×2本
フローラテープ(グリーン)…適宜
ブローチピン(20mm)…1個

実物大型紙

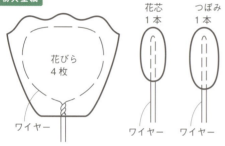

1. 朱色と朱赤の羊毛を同量ずつとり、よく混ぜ合わせて花びらの色を作る。

2. ライトグリーン色と抹茶色の羊毛を同量ずつとり、よく混ぜ合わせて茎、花芯、つぼみの色を作る。

3. p.27・1-4 と同様にして花芯とつぼみを作る。

4. レース糸を2本の指先に16回巻きつけ、そっとはずし、輪の部分をカットする。

5. さらに1/2にカットし、32本にする。1本のレース糸の上に32本の束をのせる。

6. 3で作った花芯を中央に置き、レース糸で縛る。

7. 花芯の下部分にボンドを塗り、レース糸をとじて、花芯にくっつける。

8. レース糸を花芯と同じ高さに切り揃える。

9. 綿布に花びらの型紙を写し、フラワー用ワイヤーをだいたいの花の形の輪にして、ねじる。輪の部分にボンドを塗り、綿布に貼る。

10. 花びらの輪郭の内側に1の羊毛を置いて、ニードルで刺す。

11. 刺し終わったら、輪郭どおりにはさみで切る。

12. 裏面に朱色の羊毛を置いて、ニードルで刺す。花びらのふちにも羊毛を足して刺し、形を整える。

13. 9〜12と同様にして、4枚作る。

14. 花びらを指で少し曲げてカーブをつける。

15. 8で作った花芯の周りに花びら4枚を重なるように組み合わせる。

16. 花芯と花びら4枚のワイヤーを束ね、 p.30・32-34 と同様にしてフローラテープを巻く。花首から7.5cmのところをニッパーで切る。

17. 花びらの重なり部分の裏面にボンドを塗り、型くずれしないように貼り付ける。

18. 3で作ったつぼみに、 p.30・32-34 と同様にしてフローラテープを巻く。茎が5.5cmになるようにニッパーで切る。

19. 17で作った花と18で作ったつぼみそれぞれに、 p.30・36 と同様にして2の羊毛を巻き付ける。

20. 19の花とつぼみをまとめて、茎の下から2.5cmほどの部分に、 p.30・32-36 と同様にしてフローラテープを巻き、その上に2の羊毛を巻き付ける。

21. 茎の裏面に、 p.31・39-42 と同様にしてブローチピンをつける。

03 ラナンキュラス（いずれか1個分） 🌼 p.12

材料

ハマナカ フェルト羊毛
〈赤茶のラナンキュラス〉
　ナチュラルブレンド　生成り(801)…4g
　ミックス　赤茶(220)…1g
〈ライトグリーンのラナンキュラス〉
　ナチュラルブレンド　生成り(801)…4g
　ソリッド　ライトグリーン色(33)…1g

コサージュクリップ（丸皿25mm）…1個

実物大作品

実物大型紙

おしべ　7枚

花びら1段目　3枚　切り込み

花びら2段目　4枚　切り込み

花びら3段目　5枚　切り込み

花びら4段目　5枚　切り込み

※斜線は濃い羊毛を刺す位置
※花びらの厚みがすべて3mmになるように刺す

1. 赤茶と生成り（ライトグリーンのラナンキュラスの場合はライトグリーン単色）の羊毛を同量ずつとり、よく混ぜ合わせておしべの色を作る。

2. 1の羊毛を少量とり、2つに折る。輪のほうが花先になるように、型紙で形を確認しながら、ニードルで刺しておしべのパーツを作る。フサフサ部分は残しておく。

3. おしべのパーツを7枚作る。1枚の周りに残りの6枚を囲むようにして並べる。

4. 3の根元の部分をニードルで刺して固定する。

5. 1段目の花びらを作る。生成りの羊毛を少量とり、花びら1段目の型紙の幅に薄く広げ、半分に折る。

6. 5を型紙の大きさになるようにニードルで刺す。花びらの先が型紙のように波形になるように整えながら刺す。フサフサ部分は残しておく。

7.型紙と同じ長さになるようにフサフサ部分をはさみで切る。これを3枚作る。

10.1段目の花びらに、型紙どおりにはさみで切り込みを入れ、その部分を重ねる。

14.4段目の花びらに、はさみで型紙どおりに2箇所に切り込みを入れ、その部分を重ねてニードルで刺す。

8.5〜7と同様にして花びら2〜4段目を作る。1の羊毛と生成り（ライトグリーンのラナンキュラスの場合はライトグリーンと生成り）の羊毛を同量ずつとり、よく混ぜ合わせる。これを少量とり、2〜4段目の花びらの上半分に置いて、ニードルで刺す。

11.重ねた部分をニードルで刺す。

15.12と同様にして重ね、刺したら、花のできあがり。

9.1段目の花びら3枚、2段目4枚、3、4段目各5枚を作る。写真右は4で作ったおしべ。

12.4で作ったおしべを1段目の花びら3枚で囲むようにして合わせ、下部分をニードルで刺す。花びらがはずれないように、しっかり刺すことが大事。

16.コサージュクリップの底に強力接着剤を塗り、15の裏面にくっつける。

13.2、3段目の花びらも10〜12と同様にして重ね、刺していく。

04 ダリア （いずれか1個分） 🌼 p.14

材料

ハマナカ フェルト羊毛
〈濃い桃色のダリア〉
　ミックス　桃色(202)…5g
　ミックス　深紅(215)…1g
〈朱赤のダリア〉
　ナチュラルブレンド　生成り(801)…5g
　ナチュラルブレンド　朱赤(834)…1g

コサージュクリップ(丸皿25mm)…1個

実物大型紙

実物大作品

1段目 3枚
2段目 5枚

3段目 6枚

4段目 10枚

5段目 10枚
6段目 10枚

※斜線は濃い羊毛を刺す位置
※花びらの厚みがすべて2mmになるように刺す

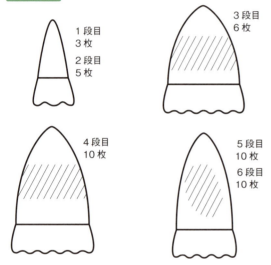

1. 深紅(朱赤のダリアの場合は朱赤)の羊毛をとり、p.34・2 と同様にして1、2段目の花びらを作る。

2. 1、2段目の花びらは8枚作る。

3. 桃色(朱赤のダリアの場合は生成り)の羊毛をとり、p.34・2 と同様にして3段目の花びらを作る。作ったら、中央に深紅(朱赤のダリアの場合は朱赤)の羊毛を置き、ニードルで刺す。ふちにも刺して形を整える。

4. 3段目の花びらは6枚作る。

5. 3と同様にして4段目の花びらを10枚作る。作ったら、深紅と桃色(朱色のダリアの場合は生成りと朱赤)の羊毛を同量ずつとり、よく混ぜ合わせる。これを花びらの中央に刺す。

6. 5と同様にして5、6段目の花びらは各10枚作る。

7. 1段目の花びら3枚を合わせ、フサフサ部分をニードルで刺す。

8. 7の周りに2段目の花びら5枚を並べ、下部分をニードルで刺す。

9. 3段目の花びらは両端を中央で合わせ、ニードルで刺す。

10. フサフサ部分をニードルで刺して、くるっと丸まった形にする。

11. 8の周りに3段目の花びらを並べていく。

12. 6枚全部を並べたら、フサフサ部分をニードルで刺して固定する。このとき、しっかり刺しておかないとグラグラしてきれいな形にならないので注意。

13. 9〜12と同様にして、4段目の花びらを作って、12の周りにニードルで刺す。

14. 5段目の花びらはそのままの形で13の周りに互い違いになるように置き、ニードルで刺す。

15. 6段目の花びらもそのままの形で14の周りに互い違いになるように置き、ニードルで刺す。

16. 花の裏の凹んだ中央部分に桃色(朱赤のダリアの場合は生成り)の羊毛を足し、ニードルで刺して平らにする。

17. コサージュクリップの底に強力接着剤を塗り、16の裏面にくっつける。

05 アジサイ p.16

材料

ハマナカ フェルト羊毛
　ナチュラルブレンド　生成り(801)…1g
　ナチュラルブレンド　薄あずき色(816)…3g

フラワー用ワイヤー(#26こげ茶)…16cm×12本
フローラテープ(こげ茶)…適宜
ブローチピン(25mm)…1個

実物大型紙

花びら
4枚×12

花芯
1本
ワイヤー

実物大作品

1. 生成りと薄あずき色の羊毛を同量ずつとり、よく混ぜ合わせて花びらの色を作る。

2. 1で混色した羊毛をとり、p.36・3と同様にして花びらを作る。

3. 薄あずき色の羊毛を少量とり、p.27・1-3と同様にして花芯を作る。

4. 花びら4枚と花芯ができたところ。

5. 花びら2枚を合わせ、片側の端(写真の斜線部分)のみをニードルで刺してつなぎ合わせる。

6. 花びら2枚をつなぎ合わせて、広げてみたところ。

7. つながった2枚を広げ、もう1枚の花びらをつながった花びらの1枚に合わせ、5と同じ位置をニードルで刺してつなぎ合わせる。

8. 7と同様にしてもう1枚の花びらもつなぎ合わせる。

9. 底のフサフサ部分をまとめるようにニードルで刺して、穴を閉じる。

13. p.30・32-34 と同様にして茎にフローラテープを巻き、花首から2cmくらいのところを軽く折り曲げる。茎は作品に合わせて折り曲げる角度を整える。これを12個作る。

17. 全部束ねたら、p.30・32-34 と同様にしてフローラテープを巻く。束ねたもとから4.5cmのところをニッパーで切る。p.30・36 と同様にして薄あずき色の羊毛を茎に巻き付ける。

10. 花の中心に目打ちで穴をあける。

14. 3個を横に並べて持つ。

18. 花茎の裏面に、p.31・39-42 と同様にしてブローチピンをつける。

11. 穴に花芯を通し、花芯のつけ根にボンドを塗る。

15. 14の上に3個を並べて持つ。

12. 花芯が花びらにぴったりとくっつくまで通し、固定する。

16. 実物大作品を見ながら、形よく束ねていく。

06 椿　p.18

材料

ハマナカ フェルト羊毛
〈赤い椿〉
　ミックス　深紅(215)…少量
　ソリッド　濃いピンク(56)…少量
　ソリッド　黄色(35)…少量
〈白い椿〉
　ソリッド　白(1)…少量
　ソリッド　黄色(35)…少量
〈葉共通〉
　ソリッド　グレー(55)…少量
　ソリッド　緑(46)…少量

綿布
〈赤い椿〉赤…10×15cm
〈白い椿〉白…10×15cm
〈葉共通〉緑…6×6cm

綿レース糸(#20黄色)…少量
フラワー用ワイヤー(#26白)…花:15cm×6本、葉:7cm×1本
フローラテープ(グリーン)…適宜
ブローチピン(25mm)…1個

実物大型紙

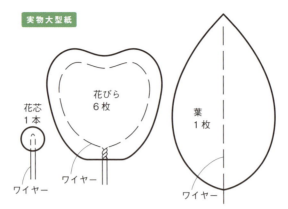

実物大作品

1. 深紅と濃いピンク(白い椿の場合は白単体)の羊毛を同量ずつとり、よく混ぜ合わせて花びらの色を作る。

2. p.33・9-12 と同様にして花びらを作る。

3. グレーと緑の羊毛を同量ずつとり、よく混ぜ合わせて葉の色を作る。p.29・27-30 と同様にして葉を作る。黄色の羊毛をごく少量とり、p.27・1-3 と同様にして花芯を作る。花びら6枚、葉1枚、花芯1本ができたところ。

4. p.32・4-5 と同様にして花芯の周りの花糸(かし)を作る。ただし、レース糸を指に巻くのは10回ほどに。

5. 花芯の下部分にボンドを塗り、周りにレース糸を貼り付けていく。このときフェルティング用マットに茎を挿すと作業がしやすい。

6. 4、5をくり返し、1周貼り付けたら、2周目、3周目まで貼り付ける。貼り付けたら、下から1.8cmを残して上部分をカットする。

7. p.33・14-17 と同様にして花の部分を作る。ただし、花芯の周りに花びら3枚を束ね、その外側にもう3枚をずらしながら束ねる。

8. p.30・32-38 と同様にして花と葉を合わせ、形を整える。ただし、茎は花首から3cmのところをニッパーで切る。

9. 茎の裏面に、p.31・39-42 と同様にしてブローチピンをつける。

07 カラー p.20

材料

ハマナカ フェルト羊毛
  ナチュラルブレンド　生成り(801)…1g
  ミックス　山吹色(201)…少量
  ソリッド　ライトグリーン(33)…少量
  ソリッド　緑(46)…2g

綿布(白)…10×10cm
フラワー用ワイヤー(♯26白)
　…花:32cm×1本、花芯:18cm×1本
ブローチピン(25mm)

実物大作品

実物大型紙

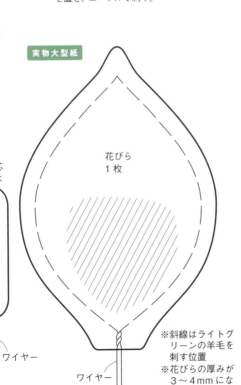

1. p.33・9-12 と同様にして生成りの羊毛で花びらを作る。面積が広いので少し厚め(3～4mm)に仕上げる。

2. 花びらの下中央にライトグリーンの羊毛を置き、ニードルで刺す。

3. 山吹色の羊毛をとり、p.27・1-3 と同様にして花芯を作る。

4. 花びらに花芯を置き、くるむように花びらの左右を曲げて中央で重ね、ニードルで刺して留める。

5. ワイヤーに緑の羊毛を巻き、全体をニードルで刺して留める。さらに同じ羊毛を巻き、茎の厚みを9mmまで太くする。

6. 花と茎の境目にライトグリーンの羊毛を置いてニードルで刺し、グラデーションをつける。

7. 茎の裏面に、p.31・39-42 と同様にしてブローチピンをつける。

花や実のブローチ

ミモザやラベンダー、オリーブやラズベリーなど可憐な花と実は、ブローチに。

ナチュラルで大人好みのテイストで、

普段着や小物に着ければ、素敵なアクセントになります。

08

ミモザ

たくさんのワイヤーを束ねて作るため、束ね方のバランスが重要です。実物大写真に重ねてフォルムを確かめながら作って。

作り方 p.64

09

野バラの実

秋に赤く熟す野バラの実。ミモザ（p.44）の花と同じ方法で作ります。バランスよく束ねましょう。

作り方 p.65

10

ヤツデの実

ヤツデは冬の寒い時期に白い花を咲かせ、春にかけて実をつけます。作りやすくシンプルだから、ちょっとした贈り物に添えても。

作り方 p.65

Lai stipra sirds man arī toreiz būtu,
Pat tajā brīdī, kurā rokas ļimst,
Man viņa šodien tāda jānorūda
Un jāizstaigā tavu ceļu simts,

Un darbā jāizjūt ir viss, par kuru
Visdārgāko varbūt man nāksies dot,
Par ko es spēšu karogu tad turēt
Un ne par kādu cenu neatdot! . . .

11

ラベンダー

2本を合わせるとき、茎の合わせ目の部分を目打ちで押して筋をつけます。立体感が出て、自然な感じに仕上がります。

作り方 p.66

12
スプレーバラ
（左：桃色、右：桜色）

開花するのを待つ、小さなかわいい蕾のスプレーバラ。
がくの下部分にふくらみをつけるのがポイントです。

作り方 p.67

13
桜

可憐に仕上げた桜のブローチ。ピンクの花びらのつけ根に
赤茶色の羊毛を刺し、微妙なニュアンスを出しています。

作り方 p.68

14

スズラン

小さな花の先端は、切り込みを入れた部分をニードルで
しっかり刺して、凸凹をはっきりと作りましょう。

作り方 p.69

15

デイジー

（左：薄あずき色、右2点：藤色）

大人服にはもちろん、小さな女の子のワンピースなどにも
似合いそうな愛らしさ。色違いを2本まとめてつけても。

作り方 p.70

16
アネモネ
（左：生成り、右：藤色）

花びらは綿布に羊毛を刺して作ります。こうすることによって、薄く、ニュアンスのある花びらに。

作り方 p.71

17

ビオラ

(左:レモン色、中2点:藤色、右:白)

直径2cmほどの小さなブローチ。たくさんの輪っかを結んで作ったリボンのネックレスにランダムにつけてもかわいい。

作り方 p.72

18

白詰草

40枚ほどの小さな花びらを1枚ずつ花芯に刺して花の部分を作っていきます。少し根気が必要ですが、できあがったときの喜びはひとしお。

作り方 p.73

19

四ツ葉のクローバー

（上2点：緑色、下：青色）

三つ葉は希望、信仰、愛情の印。残る1枚は幸福のシンボル。ここから、四ツ葉のクローバーを見つけた人は幸せになれるといわれています。

作り方 p.74

20

オリーブ

(左:グリーン、右:ブラック)

花芯を作るのと同じ方法で実を作ります。シンプルながら、おしゃれのワンポイントにぴったりの愛らしさ。

作り方 p.74

21

ラズベリー

白詰草（p.57）と同じように、たくさんの小さな花びらを1枚ずつ花芯の周りに刺して実を作ります。実1個だけを他の花と組み合わせてもかわいい。

作り方 p.75

22

イチョウ

秋の深まりを感じさせるイチョウ。ちょっと肌寒くなったときに着る、シックな色のニットのアクセントに。

作り方 p.75

23

どんぐり

コロンとしたフォルムがかわいいどんぐりのブローチ。カブトピンにつければ、歩くたびに揺れて、また愛らしい。

作り方 p.76

24

松ぼっくり

大きさの違う3種類の松かさを作り、重ねてニードルで刺していきます。羊毛フェルトらしいぽってりとした温もりを活かして。

作り方 p.77

08 ミモザ p.44

材料

ハマナカ フェルト羊毛
　ソリッド　黄色(35)…少量
　ソリッド　グレー(55)…少量
　ミックス　抹茶(213)…少量

綿布(緑)…6×6cm
フラワー用ワイヤー(#26グリーン)
　…実:8cm×24本、葉:7cm×2本
フローラテープ(グリーン)…適宜
ブローチピン(25mm)…1個

実物大型紙

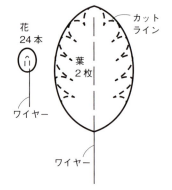

花 24本
ワイヤー
カットライン
葉 2枚
ワイヤー

実物大作品

1. フラワー用ワイヤーの先端を3mmほどラジオペンチで曲げ、曲げた部分に黄色い羊毛をひっかける。羊毛をワイヤーに2〜3回巻き付ける。

2. フェルティング用マットの上で巻いた部分をニードルで刺してまとめる。これを24本作る。

3. 作った花を3本束ね、p.30・32-33 と同様にしてフローラテープを1回巻く。

4. 残りの花を1本ずつ下にずらしながらフローラテープに巻き込み、全部で12本束ねる。これを2本作る。

5. グレーと抹茶の羊毛を同量ずつとり、よく混ぜ合わせて葉の色を作る。

6. p.29・27-30 と同様にして葉を作る。

7. 葉の周りは型紙のカットラインを参考にはさみで切る。切り口がほつれないよう、水溶きボンドを切り口から裏面にかかるところまでしっかり塗る。

8. 2本の花と葉を束ね、p.30・32-34 と同様にしてフローラテープを巻き、花首から3cmのところをニッパーで切る。p.30・36 と同様にして5の羊毛を巻き付ける。

9. 茎の裏面に、p.31・39-42 と同様にしてブローチピンをつける。

09 野バラの実 p.46

材料

ハマナカ フェルト羊毛
| ミックス　深紅(215)…少量
| ミックス　赤茶(220)…少量
| ソリッド　濃茶(31)…少量
フラワー用ワイヤー(#22こげ茶)…5.5cm×7本
フローラテープ(こげ茶)…適宜
ブローチピン(20mm)…1個

実物大型紙

実 7個
ワイヤー

実物大作品

1. 深紅と赤茶の羊毛を同量ずつとり、よく混ぜ合わせて実の色を作る。この羊毛で p.64・1-2 と同様にして実を7個作る。

2. 実物大作品を参考に、実をバランスよく束ね、p.30・32-34 と同様にしてフローラテープを巻き、一番下の実から2cmのところをニッパーで切る。

3. p.30・36 と同様にして濃茶の羊毛を巻き付ける。

4. 茎の裏面に、p.31・39-42 と同様にしてブローチピンをつける。

10 ヤツデの実 p.46

材料

ハマナカ フェルト羊毛
| ソリッド　ライトグリーン(33)…少量
| ミックス　抹茶(213)…少量
フラワー用ワイヤー(#22グリーン)…4.5cm×7本
フローラテープ(グリーン)…適宜
ブローチピン(20mm)…1個

実物大型紙

実 7個
ワイヤー

実物大作品

1. ライトグリーンの羊毛をとり、p.64・1-2 と同様にして実を7個作る。

2. 実物大作品を参考に、実をバランスよく束ね、p.30・32-34 と同様にしてフローラテープを巻き、一番下の実から2cmのところをニッパーで切る。

3. p.30・36 と同様にして抹茶の羊毛を巻き付ける。

4. 茎の裏面に、p.31・39-42 と同様にしてブローチピンをつける。

11 ラベンダー 🌿 p.48

材料

ハマナカ フェルト羊毛
| ソリッド　紫(26)…少量
| ソリッド　グレー(55)…少量
| ミックス　抹茶(213)…少量

フラワー用ワイヤー(#26グリーン)…18cm×2本
フローラテープ(グリーン)…適宜
ブローチピン(20mm)…1個

実物大型紙

花芯
1本
ワイヤー

花びら
15枚

実物大作品

1. 紫とグレーの羊毛を同量ずつとり、よく混ぜ合わせて花びらと花芯の色を作る。

2. 1で混色した羊毛をとり、p.27・1-3 と同様にして花芯を作る。

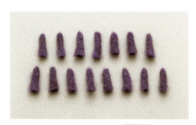

3. 1で混色した羊毛をとり、p.34・2 と同様にして、花びらを15枚作る。

4. 花芯の頂上に花びらを1枚置く。

5. 置いた花びらの下部分をニードルで刺し、固定する。

6. 5でつけた花びらの少し下に花びらを1枚ずつ囲むようにして置き、ニードルで刺し、固定する。

7. 計5枚の花びらをつけたところ。この少し下に、さらに花びら5枚をニードルで刺して固定。さらにその下に5枚刺して固定する。これを2本作る。

8. 作った2本の花を p.30・32・34 と同様にしてフローラテープを巻き、花首から6cmのところをニッパーで切る。 p.30・36 と同様にして抹茶の羊毛を巻き付ける。2本を束ね、茎の真ん中にフローラテープを巻く。

9. 茎の裏面に、p.31・39-42 と同様にしてブローチピンをつける。表面に返し、2本の茎の合わせ目の部分を目打ちで押して筋をつける。

12 スプレーバラ 🌿 p.49

材料

ハマナカ フェルト羊毛
〈桜色のスプレーバラ〉
　ナチュラルブレンド　桜色(814)…少量
　ソリッド　白(1)…少量
〈桃色のスプレーバラ〉
　ミックス　桃色(202)…少量
　ナチュラルブレンド　桜色(814)…少量
〈葉共通〉
　ミックス　抹茶(213)…少量

綿布(緑)…5×5cm
フラワー用ワイヤー(#26グリーン)
　…花:18cm×2本、葉:6cm×1本
フローラテープ(グリーン)…適宜
ブローチピン(25mm)…1個

実物大型紙

花芯 1本　ワイヤー
葉 1枚　ワイヤー
花びら 3枚
がく 5枚

実物大作品

1. 桜色(桃色のスプレーバラの場合は桃色)の羊毛をとり、p.27・1-3 と同様にして花芯を作る。p.34・2 と同様にして花びらを3枚作る。

2. 抹茶の羊毛をとり、p.34・2 と同様にしてがくを5枚作る。さらに p.29・27-30 と同様に葉を1枚作る。

3. 花びら3枚、がく5枚、花芯1本、葉1枚。

4. 花芯の周りに花びらを1枚置き、ふちをニードルで刺す。2枚目は1枚目に少し重ねて置いて刺し、3枚で1周するように刺す。3枚目の端は、1枚目の下に差し込むように入れる。

5. 花の下に合わせてがくを1枚置き、ニードルで下部分を刺す。5枚で1周するように刺す。

6. がくの切れ込みから見える花の部分に白(桃色のスプレーバラの場合は桜色)の羊毛をごく少量置き、ニードルで刺す。

7. 花のすぐ下に抹茶の羊毛を少量巻き、ニードルで刺してふくらみをつける。

8. 花2本と葉1枚を束ね、p.30・32-34 と同様にしてフローラテープを巻き、葉のつけ根から2.5cmのところをニッパーで切る。p.30・36 と同様にして抹茶の羊毛を巻き付ける。

9. 茎の裏面に、p.31・39-42 と同様にしてブローチピンをつける。

13 桜　p.50

材料

ハマナカ フェルト羊毛
　ナチュラルブレンド　桜色(814)…少量
　ナチュラルブレンド　生成り(801)…少量
　ミックス　赤茶(220)…少量
　ソリッド　こげ茶(41)…少量

綿布(生成り)…10×6cm
綿レース糸(#20レモン色)…少量
フラワー用ワイヤー(#26白)
　…花:7cm×10本、つぼみ:15cm×1本
フローラテープ(こげ茶)…適宜
ブローチピン(25mm)…1個

実物大型紙

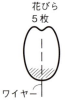
花びら
5枚

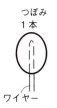
つぼみ
1本

※斜線は赤茶の羊毛を刺す位置

実物大作品

1. 桜色と生成りの羊毛を同量ずつとり、よく混ぜ合わせて花びらの色を作る。

2. 1の羊毛をとり、p.29・27-30と同様にして花びらを作る。

3. 花びらのふちにもニードルを刺し、形を整える。

4. 花びらのつけ根の部分に赤茶の羊毛を置き、ニードルで刺す。1～4と同様にして花びらを計5枚作る。

5. 綿レース糸を2cmに切り、8本作る。これでおしべを作る。

6. 8本束ねて持ち、片方の端にボンドを塗って固める。

7. ボンドが乾いたら、中央1.2cmを残して両端を切り揃える。

8. おしべの根元にボンドを塗り、直角に曲げた花びらのつけ根にくっつける。

9. 直角に曲げた花びら4枚を合わせて持ち、8と合わせる。

14 スズラン p.51

材料
ハマナカ フェルト羊毛
　ソリッド 白(1)…少量
　ソリッド 緑(46)…少量
　ミックス 抹茶(213)…少量
綿布(緑)…7×7cm
フラワー用ワイヤー(#26グリーン)
　…花：20cm×4本、葉：8cm×2本
フローラテープ(グリーン)…適宜
ブローチピン(25mm)…1個

実物大型紙

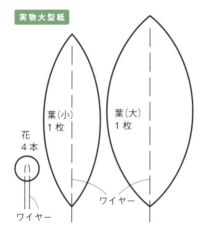

実物大作品

1. 白の羊毛をとり、p.27・1-3 と同様にして花を作る。

2. 花の先に2箇所はさみで切り込みを入れる。切り口がほつれないようにニードルで刺し、整える。1～2と同様にして花を計4本作る。

3. p.30・32-34 と同様にしてワイヤーにフローラテープを巻く。花1本ずつにカーブをつけ、まず2本束ねてフローラテープで巻き、3本目、4本目をずらしながら巻き込んでいく。

4. 抹茶と緑の羊毛を同量ずつとり、よく混ぜ合わせて葉の色を作る。p.29・27-30 と同様にして葉(大、小)を作る。

5. 花と葉を束ね、p.30・32-34 と同様にしてフローラテープを巻き、4本束ねたもとから2cmのところをニッパーで切る。p.30・36 と同様にして葉の羊毛を巻き付ける。

6. 茎の裏面に、p.31・39-42 と同様にしてブローチピンをつける。

10. おしべは短く切り揃える。

11. p.30・32-34 と同様にしてワイヤーにフローラテープを巻く。2～11と同様にして花を計2本作る。

12. p.27・1-3 と同様にして、桜色の羊毛でつぼみを作る。つぼみに赤茶の羊毛を置き、ニードルで刺してがくを作る。つぼみのすぐ下に赤茶の羊毛を少量巻き付け、細長く厚みをつける。p.30・32-34 と同様にしてワイヤーにフローラテープを巻く。

13. 花2本とつぼみ1本を束ね、p.30・32-34 と同様にしてフローラテープを巻き、束ねたもとから3cmのところをニッパーで切る。p.30・36 と同様にしてこげ茶の羊毛を巻き付ける。

14. 茎の裏面に、p.31・39-42 と同様にしてブローチピンをつける。

15 デイジー 🌼 p.52

材料

ハマナカ フェルト羊毛
〈藤色のデイジー〉
　ナチュラルブレンド　藤色（823）…少量
　ミックス　山吹色（201）…少量
　ミックス　抹茶（213）…少量
〈薄あずき色のデイジー〉
　ナチュラルブレンド　薄あずき色（816）…少量
　ミックス　山吹色（201）…少量
　ミックス　抹茶（213）…少量

フラワー用ワイヤー（#26 グリーン）…16cm×1本
フローラテープ（グリーン）…適宜
ブローチピン（20mm）…1個

実物大型紙

花びら
10枚

実物大作品

1. 藤色（薄あずき色のデイジーの場合は薄あずき色）の羊毛をとり、p.34・2と同様にして花びらを10枚作る。

4. 表面に返して、山吹色（薄あずき色のデイジーの場合も同様）の羊毛を中央に置き、ニードルで刺して花芯を作る。

7. p.30・32-34 と同様にしてフローラテープを巻き、花首から5.5cmのところをニッパーで切る。p.30・36 と同様にして抹茶の羊毛を巻き付ける。

2. 花びらを1枚ずつ放射状になるように並べ、ニードルで刺す。少し内側に反るように整えながら刺すときれいな仕上がりに。

5. 花の裏面の2箇所に目打ちで穴をあけ、折り曲げたフラワー用ワイヤーの一方を通す。

8. 型くずれ防止のため、花の裏面に水溶きボンドを塗る。

3. 裏面に藤色（薄あずき色のデイジーの場合は薄あずき色）の羊毛を少量置き、ニードルで刺して整える。

6. もう一方のワイヤーの上に藤色（薄あずき色のデイジー場合は薄あずき色）の羊毛を少量置き、ニードルで刺してワイヤーを固定する。

9. 茎の裏面に、p.31・39-42 と同様にしてブローチピンをつける。

16 アネモネ p.53

材料

ハマナカ フェルト羊毛
〈藤色のアネモネ〉
　ナチュラルブレンド　藤色(823)…少量
　ソリッド　紫(26)…少量
　ミックス　アイボリーブラック(209)…少量
〈生成りのアネモネ〉
　ナチュラルブレンド　生成り(801)…少量
　ナチュラルブレンド　藤色(823)…少量
　ソリッド　紫(26)…少量
　ミックス　アイボリーブラック(209)…少量
〈葉共通〉
　ミックス　抹茶(213)…少量

綿布
〈藤色のアネモネ〉水色…12×8cm
〈生成りのアネモネ〉生成り…12×8cm
〈葉共通〉緑…5×5cm

綿レース糸(#20黒)…少量
フラワー用ワイヤー(#26グリーン)
　花…24cm×5本
　茎…10cm×1本、3.5cm×1本
フローラテープ(グリーン)…適宜
ブローチピン(25mm)…1個

実物大型紙 / 実物大作品
花びら 5枚
※斜線は濃い色の羊毛を刺す位置
花芯 1本
葉 1枚
ワイヤー

1. 紫と藤色(生成りのアネモネの場合は藤色単色)の羊毛を同量ずつとり、よく混ぜ合わせて花びらの下半分に刺す色を作る。

2. 藤色(生成りのアネモネの場合は生成り)の羊毛をとり、p.33・9-12 と同様にして花びらを5枚作る。花びらの下半分には、1の羊毛をごく少量置いて、ニードルで刺す。

3. アイボリーブラックと紫の羊毛を同量ずつとり、よく混ぜ合わせて花芯の色を作る。この羊毛で、p.27・1-3 と同様にして花芯を作る。

4. 抹茶の羊毛をとり、p.29・27-30 と同様にして葉を作る。ただし、フラワー用ワイヤーは中心ラインに1本ボンドで貼り付け、その上にV字に折った短いワイヤーを貼り付ける。

5. 花芯1本、花びら5枚、葉1枚ができたところ。

6. p.32・4-8 と同様にして花芯を作る。

7. p.33・14-18 と同様にして花芯の周りに花びらを組み合わせ、フローラテープを巻く。

8. 花と葉を束ね、p.30・32-34 と同様にしてフローラテープを巻き、花首から7cmのところをニッパーで切る。p.30・36 と同様にして抹茶の羊毛を巻き付ける。

9. 茎の裏面に、p.31・39-42 と同様にしてブローチピンをつける。

17 ビオラ p.54

材料

ハマナカ フェルト羊毛
〈藤色のビオラ〉
　ソリッド　赤紫(48)…少量
　ナチュラルブレンド　藤色(823)…少量
　ミックス　山吹(201)…少量
〈白のビオラ〉
　ソリッド　赤紫(48)…少量
　ソリッド　白(1)…少量
　ミックス　山吹(201)…少量
〈レモン色のビオラ〉
　ソリッド　赤紫(48)…少量
　ソリッド　レモン色(21)…少量
　ミックス　山吹(201)…少量

ブローチピン(20mm)…1個

実物大型紙

花びら(小) 4枚　　花びら(大) 1枚

実物大作品

1. 赤紫の羊毛をとり、p.34・2 と同様にして花びら(小)を2枚作る。藤色の羊毛をとり、同様にして花びら(小)を2枚、花びら(大)を1枚作る。白のビオラは花びら(小)が赤紫2枚、白2枚、花びら(大)が白1枚。レモン色のビオラは花びら(小)が赤紫2枚、レモン色2枚、花びら(大)がレモン色1枚。

2. 赤紫の花びら2枚を少し重ねて置き、重なり部分をニードルで刺してつなぎ合わせる。

3. 2の花びらの下に藤色の花びら2枚を左右に置き、重なり部分をニードルで刺す。

4. 最後に藤色の花びら(大)を下中央に置き、ニードルで刺す。

5. 藤色の花びら3枚のつけ根に、赤紫の羊毛をごく少量置き、ニードルで刺してラインを出す。白のビオラとレモン色のビオラは、山吹色の羊毛を刺す。

6. 藤色の花びら(大)のつけ根に、山吹色の羊毛をごく少量置き、ニードルで刺して丸い模様をつける。白のビオラとレモン色のビオラは、赤紫色の羊毛を刺して細い線の模様をつける。

7. 花の裏面にブローチピンを置き、糸で縫い付ける。このとき、表に糸が出ないように注意する。

18 白詰草　p.57

材料

ハマナカ フェルト羊毛
　ナチュラルブレンド　生成り(801)…少量
　ミックス　抹茶(213)…少量

綿布(緑)…6×6cm
フラワー用ワイヤー(#26グリーン)
　…花芯:15cm×1本、葉:7cm×3本
フローラテープ(グリーン)…適宜
ブローチピン(20mm)…1個

実物大型紙

花芯
1本

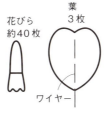
花びら
約40枚

葉
3枚

ワイヤー

実物大作品

1. 生成りの羊毛をとり、p.27・1-3と同様にして花芯を、p.34・2と同様にして花びらを約40枚作る。

4. 花びらを6枚刺したところ。

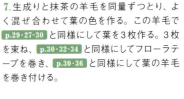

7. 生成りと抹茶の羊毛を同量ずつとり、よく混ぜ合わせて葉の色を作る。この羊毛でp.29・27-30と同様にして葉を3枚作る。3枚を束ね、p.30・32-34と同様にしてフローラテープを巻き、p.30・36と同様にして葉の羊毛を巻き付ける。

8. 花と葉を束ね、p.30・32-34と同様にしてフローラテープを巻き、束ねたもとから3cmのところをニッパーで切る。p.30・36と同様にして抹茶の羊毛を巻き付ける。

2. 花芯の上に花びらを1枚置き、つけ根をニードルで刺す。

5. 2周目、3周目と下に向かって花びらを1枚ずつ刺す。

9. 茎の裏面に、p.31・39-42と同様にしてブローチピンをつける。

3. 2の花びらの周りに、同じ高さで花びらを1枚ずつニードルで刺す。

6. 花びら全部を刺し終えたら、p.30・33-35と同様にしてフローラテープを巻き、p.30・36と同様にして抹茶の羊毛を巻き付ける。花の下部分に抹茶の羊毛をニードルで刺し、7箇所にがくを作る。

19 四ツ葉のクローバー p.57

材料

ハマナカ フェルト羊毛
〈緑色のクローバー〉
　ソリッド　ライトグレー（54）…少量
　ミックス　抹茶（213）…少量
〈青色のクローバー〉
　ソリッド　深緑（8）…少量
　ソリッド　ライトグレー（54）…少量

綿布（緑）…6×6cm
フラワー用ワイヤー（#26グリーン）…4cm×4本
フローラテープ（グリーン）…適宜
ブローチピン（20mm）…1個

実物大型紙

葉
4枚

ワイヤー

実物大作品

1. 抹茶とライトグレー（青色のクローバーの場合は深緑とライトグレー）の羊毛を同量ずつとり、よく混ぜ合わせて葉の色を作る。この羊毛で p.29・27-30 と同様にして葉を4枚作る。

2. 4枚を束ね、p.30・32-34 と同様にしてフローラテープを巻き、葉のつけ根から2.5cmのところをニッパーで切る。p.30・36 と同様にして葉の羊毛を巻き付ける。

3. 葉の裏面にブローチピンを置き、糸で縫い付ける。このとき、表に糸が出ないように注意する。

20 オリーブ p.59

材料

ハマナカ フェルト羊毛
〈グリーンのオリーブ〉
　ミックス　抹茶（213）…少量
　ソリッド　ライトグリーン（33）…少量
〈ブラックのオリーブ〉
　ミックス　アイボリーブラック（209）…少量
　ソリッド　紫（26）…少量
〈葉共通〉
　ミックス　抹茶（213）…少量
　ソリッド　グレー（55）…少量

綿布（緑）…6×6cm
フラワー用ワイヤー（#26グリーン）
　…実：15cm×2本、葉：8cm×2本
フローラテープ（グリーン）…適宜
ブローチピン（20mm）…1個

実物大作品

実物大型紙

葉
2枚

実
2個

ワイヤー　ワイヤー

1. 抹茶とライトグリーン（ブラックのオリーブの場合は紫とアイボリーブラック）の羊毛を同量ずつとり、よく混ぜ合わせて実の色を作る。この羊毛で p.27・1-3 と同様にして実を2個作る。

2. 抹茶とグレーの羊毛を同量ずつとり、よく混ぜ合わせて葉の色を作る。この羊毛で p.29・27-30 と同様にして葉を2枚作る。

3. 実2個と葉2枚を束ね、p.30・32-34 と同様にしてフローラテープを巻き、実のつけ根から3.5cmのところをニッパーで切る。p.30・36 と同様にして葉の羊毛を巻き付ける。

4. 茎の裏面に、p.31・39-42 と同様にしてブローチピンをつける。

21 ラズベリー　🌿 p.60

材料

ハマナカ フェルト羊毛
　ミックス　深紅(215)…少量
　ミックス　抹茶(213)…少量
　ソリッド　緑(46)…少量

綿布(緑)…6×6cm
フラワー用ワイヤー(#26グリーン)
　…実：15cm×2本、葉：7cm×1本
フローラテープ(グリーン)…適宜
ブローチピン(25mm)…1個

実物大型紙：カットライン／葉 1枚／ワイヤー

花芯 1本／**実** 約60個／ワイヤー

1. 深紅の羊毛をとり、p.27・1-3 と同様にして花芯を、p.34・2 と同様にして実を約60個作る。

2. 花芯の上に実を1個置き、ニードルで刺す。

3. 以降、下に向かって実を1個ずつ刺し、30個刺す。これを計2本作る。

4. p.30・32-34 と同様にしてフローラテープを巻き、p.30・36 と同様にして抹茶と緑を同量ずつ混ぜ合わせた羊毛を巻き付ける。p.73・6 と同様にして実の下部分に緑の羊毛をニードルで刺し、6箇所にがくを作る。

5. 抹茶と緑の羊毛を同量ずつとり、よく混ぜ合わせて葉の色を作る。この羊毛で p.29・27-30 と同様にして葉を作る。葉の周りは型紙のカットラインを参考にはさみで切る。切り口がほつれないよう、水溶きボンドを塗る。

6. 実2本と葉を束ね、p.30・32-34 と同様にしてフローラテープを巻き、葉のつけ根から2.5cmのところをニッパーで切る。p.30・36 と同様にして葉の羊毛を巻き付ける。

7. 茎の裏面に、p.31・39-42 と同様にしてブローチピンをつける。

22 イチョウ　🌿 p.61

材料

ハマナカ フェルト羊毛
　ミックス　山吹(201)…少量
綿布(生成り)…7×7cm
フラワー用ワイヤー(#26白)
　…28cm×1本
フローラテープ(白)
　…適宜
ブローチピン(20mm)
　…1個

実物大型紙：葉 1枚／ワイヤー

1. 山吹色の羊毛をとり、p.33・9-12 と同様にしてイチョウを作る。

2. 茎のワイヤーを4cmのところで2つに折る。葉のほうにはみ出たワイヤーは切る。p.30・32-34 と同様にしてフローラテープを巻き、p.30・36 と同様にして山吹色の羊毛を巻き付ける。

3. 茎の裏面に、p.31・39-42 と同様にしてブローチピンをつける。

23 どんぐり p.62

材料

ハマナカ フェルト羊毛
- ミックス 薄茶(211)…少量
- ミックス ミックスブラウン(212)…少量
- ソリッド ダークブラウン(30)…少量

綿布(生成り)…4×4cm
フラワー用ワイヤー(#26こげ茶)
　…どんぐり:6cm×1本、葉:5cm×1本
カブトピン(40mm)…1個
丸カン(直径4mm)…1個

実物大型紙

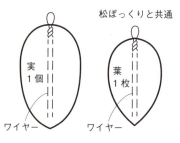

松ぽっくりと共通

実 1個　　葉 1枚
ワイヤー　ワイヤー

実物大作品

1. どんぐりのフラワー用ワイヤーを中心で輪ができるようにひとひねりする。

4. 2〜3回ワイヤーに巻き付ける。

7. 葉のワイヤーを1と同様にしてねじり、葉の型紙をなぞった綿布の中央にボンドで貼る。ミックスブラウンの羊毛をとり、p.29・27-30 と同様にして葉を作る。

2. 輪の下部分を2回ほどねじる。

5. 巻き付けた部分をニードルで刺して固めながら、型紙の実と同じ形にする。

8. カブトピンとどんぐり、葉を丸カンを通してつなげる。

3. ダークブラウンの羊毛をとり、2のフラワー用ワイヤーにはさむ。

6. 上部に薄茶の羊毛を巻き、ニードルで刺す。

24 松ぼっくり p.63

材料

ハマナカ フェルト羊毛
　ナチュラルブレンド　ブラウン(804)…少量
　ミックス　薄茶(211)…少量

綿布(生成り)…4×4cm
フラワー用ワイヤー(#26こげ茶)
　…松ぼっくり:7cm×1本、葉:5cm×1本
カブトピン(40mm)…1個
丸カン(直径4mm)…1個

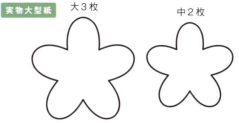

実物大型紙

大3枚 / 中2枚

松かさ大パーツ 15枚　松かさ中・小パーツ 計13枚　小1枚

※葉の型紙はp.76どんぐりの葉を使用する

実物大作品

1. ブラウンの羊毛をとり、p.34・2 と同様にして松かさのパーツを作る。パーツは大を15枚、中・小を計13枚作る。

4. 松かさ小をつぼませて、下部分をニードルで刺す。

7. 松かさ中を通したら、大と中の間にボンドを塗る。

2. 松かさの型紙の形になるよう、パーツを合わせてニードルで刺して固定する。

5. 松かさ大、中、小それぞれの中央に目打ちで穴をあける。

8. 松かさ小を通したら、フラワー用ワイヤーをラジオペンチで松かさ側に折り曲げる。

9. 葉のワイヤーを p.76・1・2 と同様にしてねじり、葉の型紙をなぞった綿布の中央にボンドで貼る。薄茶の羊毛をとり、p.29・27-30 と同様にして葉を作る。

10. p.76・8 と同様にしてカブトピンと松ぼっくり、葉を丸カンを通してつなげる。

3. 松かさは大を3枚、中を2枚、小を1枚作る。

6. 松ぼっくりのフラワー用ワイヤーを p.76・1・2 と同様にしてねじり、松かさ大、中、小の順で穴に通していく。このとき、通したらボンドを塗って、次の松かさをつなぎ合わせる。

小さなブローチ

コスモスやマーガレットの花、イチョウやアイビーなどの葉、
蝶や小鳥などを3×3cmほどの小さなブローチに仕上げました。
作り方は簡単！ たくさん作って、いくつかを一緒につけてもかわいい。

25. 26. 27. 28
スプレーギク、コスモス、マーガレット、蝶
基本を覚えてしまえば、花びらの数を変えるだけで、さまざまな花が作れます。

作り方 p.86-87

29. 30. 31. 32
イチョウ、落ち葉、シダ、アイビー
季節に合った葉っぱをチョイスして、さりげないおしゃれを楽しんで。

作り方 p.86-88

33, 34, 35
きのこ、どんぐり、小鳥

秋の味覚を狙う2羽の小鳥たちです。小鳥は同じ型紙を裏面にして使い、向きの違うタイプを作ります。

作り方 p.86、88

小さなブローチの作り方

小さなブローチはどの作品も作り方は基本的に同じです。ここではきのこのブローチの作り方を例として紹介します。
フェルト生地に刺すときは、極細タイプのニードルを使いましょう。

33 きのこ　p.85

材料

ハマナカ フェルト羊毛
　ナチュラルブレンド　朱赤(834)、淡茶(803)…各少量
フェルト生地　ベージュ…10×5cm
ブローチピン(20mm)…1個

実物大図案

朱赤(834) ＋ 淡茶(803)
淡茶

3. 羊毛を刺し終わったら、輪郭に沿ってフェルト生地をはさみで切る。

6. 羊毛を刺したフェルト生地の裏面と、5のフェルト生地の裏面それぞれにボンドをまんべんなく塗り、乾かして堅くする。

1. フェルト生地にコピーして切った図案を置いて、図案写しマーカーで輪郭を写す。輪郭の内側に淡茶の羊毛を置き、極細のニードルで刺す。

4. フェルト生地の切り口(ふち)に、表面と同じ色(朱赤＋淡茶)の羊毛を少量のせてニードルで刺し、補強する。

7. 再度ボンドを塗り、2枚をしっかり貼り合わせる。

2. かさに朱赤と淡茶を同量ずつ混ぜ合わせた羊毛を置き、ニードルで刺す。葉の葉脈がある場合は、ラインを何度か刺して凹ませる。

5. フェルト生地にもう一度図案を写して、形どおりに切る。ブローチピンを差し込むため、はさみで2箇所に切り込みを入れ、ブローチピンを差し込む。

8. できあがり。

25 スプレーギク p.80

材料

ハマナカ フェルト羊毛
　ソリッド　レモン色(21)…少量
　ミックス　山吹(201)…少量
フェルト生地　レモン色…10×5cm、ブローチピン(20mm)…1個

実物大図案

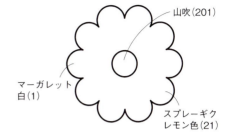

スプレーギク、マーガレット共通
山吹(201)
マーガレット 白(1)
スプレーギク レモン色(21)

27 マーガレット p.80

材料

ハマナカ フェルト羊毛
　ソリッド　白(1)…少量
　ミックス　山吹(201)…少量
フェルト生地　白…10×5cm、ブローチピン(20mm)…1個

26 コスモス p.80

材料

ハマナカ フェルト羊毛
　ナチュラルブレンド　桜色(814)…少量
　ミックス　赤茶(220)…少量
フェルト生地　ピンク…10×5cm、ブローチピン(20mm)…1個

桜色(814)
赤茶(220)

28 蝶 p.80

材料

ハマナカ フェルト羊毛
　ナチュラルブレンド　藤色(823)…少量
　ソリッド　グレー(55)…少量
フェルト生地　藤色…10×5cm
ブローチピン(20mm)…1個、黒糸…適宜

触角の作り方

1. 5cmくらいに切った黒糸の全面にボンドを塗り、乾かしておく。

2. 1の糸を半分に切って下半分に再度ボンドを塗り、図案を写したフェルト生地の中央に貼り、その上に羊毛を刺す。

グレー(55)
黒糸
藤色(823)

29 イチョウ p.82

材料

ハマナカ フェルト羊毛
　ミックス　山吹(201)…少量
フェルト生地　黄色…10×5cm、ブローチピン(20mm)…1個

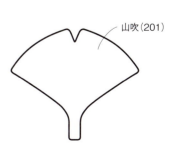

山吹(201)

30 落ち葉 ✿ p.82

材料

ハマナカ フェルト羊毛
| ミックス　赤茶(220)…少量
| ミックス　ミックスブラウン(212)…少量
フェルト生地　茶色…10×5cm、ブローチピン(20mm)…1個

31 シダ ✿ p.82

材料

ハマナカ フェルト羊毛
　ソリッド　緑(46)、グレー(55)…各少量(同量ずつミックスする)
フェルト生地　緑…10×5cm、ブローチピン(20mm)…1個

32 アイビー ✿ p.82

材料

ハマナカ フェルト羊毛
　ソリッド　緑(46)、ライトグレー(54)…各少量(同量ずつミックスする)
フェルト生地　緑…10×5cm、ブローチピン(20mm)…1個

34 どんぐり p.85

材料

ハマナカ フェルト羊毛
| ソリッド　ダークブラウン(30)…少量
| ミックス　薄茶(211)…少量
フェルト生地　茶色…10×5cm、ブローチピン(20mm)…1個

35 小鳥 （左：グレー、右：白） ✿ p.85

材料

ハマナカ フェルト羊毛
　〈白い小鳥〉　| ソリッド　白(1)、こげ茶(31)…少量
　　　　　　　| ナチュラルブレンド　ピンク(833)…少量
　〈グレーの小鳥〉| ソリッド　ライトグレー(54)、こげ茶(31)…少量
　　　　　　　　| ミックス　山吹(201)…少量
フェルト生地
〈白い小鳥〉白…10×5cm、〈グレーの小鳥〉グレー…10×5cm
ブローチピン(20mm)…1個

実物大図案

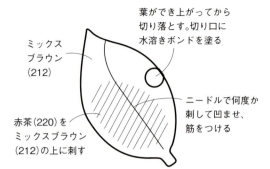

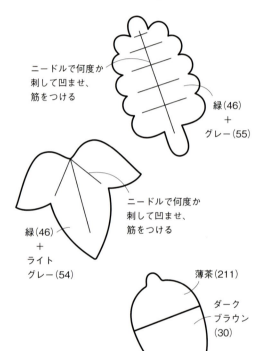

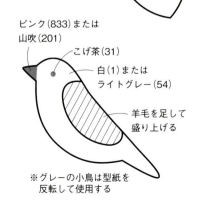

※グレーの小鳥は型紙を反転して使用する

組み合わせのコサージュとブローチ

この本で紹介してきた作品を組み合わせて作ります。
単体のときと雰囲気がぐっと変わって、新たな表情に。

36

ラナンキュラスと
アジサイのコサージュ

組み合わせたもの
p.12 ラナンキュラス
p.16 アジサイ
p.46 野バラの実
p.46 ヤツデの実

作り方 p.93

B

A

37

バラと松ぼっくりのコサージュ

組み合わせたもの

p.8　バラ

p.63　松ぼっくり

p.46　野バラの実

作り方 p.94

39
アネモネと
アジサイのコサージュ

組み合わせたもの
p.16　アジサイ
p.44　ミモザ
p.53　アネモネ

作り方 p.94

38
デイジーと
ラベンダーのコサージュ

組み合わせたもの
p.44　ミモザ（色違い）
p.48　ラベンダー
p.52　デイジー

作り方 p.94

40
どんぐりと小鳥のブローチ

組み合わせたもの
p.85 どんぐり
p.85 小鳥
葉（新規）

作り方 p.95

41
ビオラと蝶のブローチ

組み合わせたもの
p.54 ビオラ
p.80 蝶
葉（新規）

作り方 p.95

組み合わせコサージュとブローチの作り方

基本的には本書でこれまでに作ってきた作品を組み合わせるだけで作れますが、
一部アレンジしたり、新たに作る葉があります。

36 ラナンキュラスとアジサイのコサージュ p.89

材料 （いずれか1個分）

ハマナカ フェルト羊毛
〈A〉 ナチュラルブレンド　生成り(801)…6g
　　 ソリッド　ライトグリーン(33)…2g
〈B〉 ナチュラルブレンド　生成り(801)…6g
　　 ミックス　深紅(215)…少量、赤茶(220)…2g
綿布(生成)…10×7cm
フラワー用ワイヤー(♯26)
　…(グリーン) アジサイ：3.5cm×6本、ヤツデの実：6cm×5本、
　(こげ茶) 野バラの実：6cm×5本、(白) ベース用の葉：18cm×1本
フローラテープ(こげ茶、グリーン)…適宜
ブローチピン(25mm)…1個

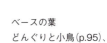

ベースの葉
どんぐりと小鳥(p.95)、
ビオラと蝶(p.95)共通

実物大型紙

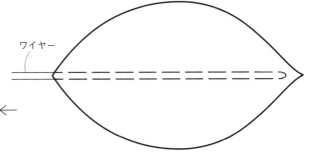

アジサイのベース　　　ワイヤー

目打ちの位置6箇所

1. ラナンキュラスを作る。 p.34・1-15
花びらの濃い羊毛とおしべの色は、Aは生成りとライトグリーンを、Bは生成りと赤茶の羊毛をそれぞれ同量ずつ混ぜ合わせて作る。

2. アジサイを作る。 p.38・1-12
Aの花びらはライトグリーンと生成りの羊毛を同量ずつ混ぜ合わせて作る。花芯はライトグリーン。Bの花びらは赤茶と生成りの羊毛を1：2の割合で混ぜ合わせて作る。花芯は赤茶と生成りの羊毛を同量ずつ混ぜ合わせて作る。

3. アジサイのベースを作る。 生成りの羊毛を細長く取り、丸めては刺して固めてを繰り返す。できあがったら、目打ちで6箇所に穴をあける。

4. アジサイのワイヤーにボンドを塗って、穴に差し込む。

5. Aはヤツデの実、Bは野バラの実を作る。p.65
Aはライトグリーンでヤツデの実を5本作る。Bは深紅と赤茶の羊毛を同量混ぜ合わせて野バラの実を4本作る。束ねてフローラテープを巻き、束ねたもとから3.5mmのところで切る。

6. 生成りの羊毛でベース用の葉を作る。 p.29・27-30
フラワー用ワイヤーは2つに折って綿布に貼る。葉から出ているフラワー用ワイヤーは2つに折り返し、ボンドを塗って生成りの羊毛を巻き付ける。

7. 葉の裏面にブローチピンを縫い付ける。

8. ラナンキュラスの裏面、アジサイのベースの裏面、Aはヤツデの実の茎、Bは野バラの実の茎それぞれに強力接着剤を塗り、7の葉の表面に貼り付ける。

37 バラと松ぼっくりのコサージュ 🌿 p.90

材料

p.26 赤いバラの材料
p.65 野バラの実の材料
（ブローチピンは除く。フラワー用ワイヤーは
＃26 こげ茶…5cm×4本）
p.77 松ぼっくりの材料
（葉の材料とカブトピンは除く）

1. バラを作る。 p.27・1-43

2. 松ぼっくりを作る。 p.77・1-8

3. 松ぼっくりのワイヤーに糸を通し、バラの花びらに縫い付ける。

4. 野バラの実を作る。 p.65・1-3
野バラの実は4本作り、束ねてフローラテープを巻き、実から3cmのところで切る。

5. 野バラの茎に強力接着剤を塗り、バラの花びらに貼り付ける。

38 デイジーとラベンダーのコサージュ 🌿 p.91

材料

〈ミモザ〉
ハマナカ フェルト羊毛
　ソリッド　白(1)…少量
　ミックス　抹茶(213)…少量
フラワー用ワイヤー（＃26グリーン）…9cm×10本

p.70 デイジー（藤色）の材料（ブローチピンは除く）
p.66 ラベンダーの材料（ブローチピンは除く）
ブローチピン（25mm）…1個

1. ミモザを作る（色は白）。 p.64・1-4
10本作り、5本を束ねたらフローラテープで巻き、束ねたもとから6cmのところをはさみで切る。その上にボンドを塗り、抹茶の羊毛を巻く。2セット作る。

2. デイジーを作る。 p.70・1-8

3. ラベンダーを作る。 p.66・1-8

4. ミモザ2本、デイジー1本、ラベンダー2本をまとめて束ね、フラワー用ワイヤーを巻いて固定する。

5. ブローチピンに強力接着剤を塗り、巻いたワイヤーの裏面に貼り付ける。さらに巻いたワイヤー全体にボンドを塗り、抹茶の羊毛を巻き付ける。

39 アネモネとアジサイのコサージュ 🌿 p.91

材料

〈アジサイ、ミモザ〉
ハマナカ フェルト羊毛
　ミックス　山吹(201)…少量
　ミックス　抹茶(213)…少量
　ナチュラルブレンド　生成り(801)…少量
　ソリッド　黄色(35)…少量
フラワー用ワイヤー（＃26グリーン）
　…ミモザ：12cm×12本、アジサイ：20cm×3本
フローラテープ（グリーン）…適宜

p.71 アネモネ（藤色、生成り）の材料（葉は除く）
ブローチピン（25mm）…1個

1. アジサイを作る。 p.38・1-13
花は山吹と生成りの羊毛を同量ずつ混ぜ合わせて作る。花は3本作って、フローラテープを巻き、バランスのよいところで茎を切り、ボンドを塗り、抹茶の羊毛を巻き付ける。

2. ミモザを作る。 p.64・1-4
花を12本作り、6本を1つにまとめてフローラテープを巻き、バランスのよいところで茎を切り、ボンドを塗り、抹茶の羊毛を巻き付ける。

3. アネモネを作る。 p.71・1-8

4. アジサイ3本、ミモザ2本、アネモネ2本をまとめて束ね、フラワー用ワイヤーを巻いて固定する。

5. ブローチピンに強力接着剤を塗り、巻いたワイヤーの裏面に貼り付ける。さらに巻いたワイヤー全体にボンドを塗り、抹茶の羊毛を巻き付ける。

40 どんぐりと小鳥のブローチ 🌿 p.92

材料

〈ベースの葉〉
ハマナカ フェルト羊毛
　ミックス　ミックスブラウン(212)…少量
　ナチュラルブレンド　淡茶(803)…少量
フェルト生地　ベージュ…10×7cm
フラワー用ワイヤー(♯26こげ茶)
　…18cm×1本

p.88どんぐりの材料(ブローチピンは除く)
p.88小鳥の材料(ブローチピンは除く)
p.65野バラの実の材料
(ブローチピンは除く。フラワー用ワイヤーは
♯26こげ茶…5cm×4本)
ブローチピン(25mm)…1個

1. ベース用の葉を作る。
`p.29・27-31` `p.93・6-7`
(型紙はp.93ラナンキュラスとアジサイのコサージュと同様)ミックスブラウンと淡茶の羊毛を同量ずつ混ぜ合わせて作る。

2. どんぐりを作る。`p.86`

3. 小鳥を作る。`p.86`

4. 野バラの実を作る。`p.65・1-3`
野バラの実は4本作り、束ねてフローラテープを巻き、実から3cmのところで切る。

5. どんぐりと小鳥の裏面、野バラの茎に強力接着剤を塗り、葉に貼り付ける。葉に少しカーブをつけて立体感を出す。

41 ビオラと蝶のブローチ 🌿 p.92

材料

〈ベースの葉〉
ハマナカ フェルト羊毛
　ミックス　抹茶(213)…少量
　ナチュラルブレンド　ベージュ(802)…少量
フェルト生地　ベージュ…10×7cm
フラワー用ワイヤー(♯26グリーン)
　…18cm×1本

p.72ビオラ(白、レモン色)の材料(ブローチピンは除く)
p.87蝶の材料(ブローチピンは除く)
ブローチピン(25mm)…1個

1. ベース用の葉を作る。
`p.29・27-31` `p.93・6-7`
(型紙はp.93ラナンキュラスとアジサイのコサージュと同様)抹茶とベージュの羊毛を同量ずつ混ぜ合わせて作る。

2. ビオラを作る。`p.72・1-6`

3. 蝶を作る。`p.87`

4. ビオラと蝶の裏面に強力接着剤を塗り、葉に貼り付ける。葉に少しカーブをつけて立体感を出す。

須佐沙知子（すさ・さちこ）
ぬいぐるみメーカーデザイナーを経てフリーの手芸作家に。羊毛フェルトで作る動物や雑貨作品を発表し、手芸メーカーのキットのプロデュースも手がける。主な著書に『羊毛フェルトで作る小さな犬』（主婦の友社）、『羊毛フェルトで作る絵本のマスコット』（白泉社）、『羊毛フェルトの愛らしい小鳥』（小社）など。

撮影
金子睦

ブックデザイン
阿部智佳子

トレース
小池百合穂

スタイリング
坂本祥子

編集
土田由佳

プリンティングディレクション
佐野正幸（図書印刷）

撮影協力
エディット アンド コー
（p.21 カーディガン、p.45 ボーダーニット、p.56 手袋、p.61 ニット、p.84 ニット帽）
TEL 03-5464-7767

UTUWA

AWABEES

材料・道具協力
ハマナカ株式会社

京都本社
〒616-8585
京都市右京区花園藪ノ下町
2番地の3
TEL 075-463-5151（代）

http://www.hamanaka.co.jp/
info@hamanaka.co.jp

羊毛フェルトの花ブローチ
四季折々の愛らしい花40作品

NDC594

2016年11月25日　発　行

著　者　　須佐沙知子

発行者　　小川雄一

発行所　　株式会社 誠文堂新光社
　　　　　〒113-0033　東京都文京区本郷3-3-11
　　　　　（編集）電話 03-5800-3614
　　　　　（販売）電話 03-5800-5780
　　　　　http://www.seibundo-shinkosha.net/

印刷・製本　図書印刷 株式会社

© 2016, Sachiko Susa.　　　　　　Printed in Japan
検印省略
禁・無断転載

落丁・乱丁本はお取り替え致します。

本書のコピー、スキャン、デジタル化等の無断複製は、著作権法上での例外を除き、禁じられています。本書を代行業者等の第三者に依頼してスキャンやデジタル化することは、たとえ個人や家庭内での利用であっても著作権法上認められません。

本書に掲載された記事の著作権は著者に帰属します。これらを無断で使用し、展示・販売・レンタル・講習会などを行うことを禁じます。

Ⓡ〈日本複製権センター委託出版物〉本書を無断で複写複製（コピー）することは、著作権法上での例外を除き、禁じられています。本書をコピーされる場合は、事前に日本複製権センター（JRRC）の許諾を受けてください。
JRRC〈http://www.jrrc.or.jp/　E-mail: jrrc_info@jrrc.or.jp　電話 03-3401-2382〉

ISBN978-4-416-71635-9